David Maille

Dompteur de rimes

Dédicaces et remerciements

Ma famille
Mes amis
Tous ceux qui ont acheté ce livre

....

(écris ton nom)

L'unafam
Françoise Védrine
Martine Dos Santos
Le Centre de réhabilitation psychosocial
de proximité de la Dordogne
Séverine Caupain
Harmonysism
Tous ceux qui ont participé de prêt ou de
loin à la réalisation de chacun de mes
projets

J'ai écris

J'étais parti juste après avoir mis mon coeur à nue
mais ne vous inquiétez pas, papa est revenu
j'ai écris sur ma pathologie
dans mon livre d'anthologie
j'ai écris sur mon parcours
même si en regardant derrière j'ai le souffle court
j'ai écris sur mes origines gitanes
ma plume est en titane
j'ai écris sur mon rétablissement
je m'habitue au succès doucement
j'ai écris par amour
pas par appât du gain
j'écris ce que je pense pour toujour
j'y peux rien je suis sanguin
j'écrirais toujours pour élever les conscience
de tous mes frères
en l'avenir je garde confiance
mais si j'ai beaucoups souffert
j'écrirais pour parler de mon succès naissant
depuis "la voie du rétablissement"
j'ai gagné en popularité mais me connaissant
j'ai peur que ça ne dure pas longtemps
je me sens mieux mais j'ai peur
qu'un jour mon état empire

mais moi je vous souhaite le meilleur
et j'emmerde le pire!
je vais dans les salons
de plus en plus on m'invite
j'ai pris du galon
bien sûr que je le mérite
alors c'est la fin de ce texte
mais le début de mon livre
l'écriture est un prétexte
pour que je me lache et me délivre
alors prend toi un café
oublie le temps de ce livre que la vie est dure
j'espère que tu vas kiffer
sur ce je te remercie et te souhaite une bonne lecture!

Pas brigand, juste gitan

On arrive avec nos caravanes
Reste calme et sort pas ta carabine
On est pas des fauves sortie de la savane
Je viens défendre nos droits dans la cabine

On arrive dans une ville,
A peine installé que tu veux nous foutre dehors,
On veux juste être tranquille
Nos coeurs brille plus que de l'or
Je viens parler de notre souffrance
Je dois t'avouer
Qu'en France nos droits sont bafoués
Le racisme je le ressens
Pourquoi tu m'insulte
De la même couleurs est notre sang
Marre de parler aux incultes

On arrive avec nos caravanes
Reste calme et sort pas ta carabine
On est pas des fauves sortie de la savane
Je viens défendre nos droits dans la cabine

Au collège j'ai connu l'enfer
J'ai connu le harcèlement
Par des gamins avec une haine en fer

Je voulais m'intégrer seulement
Et avoir un parcours scolaire idéale
Mais les petits gadjés pouvaient pas me sentir
Ça m'a donné la dalle
J'ai compris qu'autrement je vais m'en sortir
J'ai prié les cieux
Pour qu'on m'aide à réaliser mes projets
Aller à l'école je demandais pas mieux
Mais on ne peut pas s'intégrer dans le rejet

On arrive avec nos caravanes
Reste calme et sort pas ta carabine
On est pas des fauves sortie de la savane
Je viens défendre nos droits dans la cabine

Je ne suis qu'un gitano
Je représenterais toujours les miens
Ceux que tu traite de romanos
Ou encore de bohémiens
La vie ne m'a pas fait de cadeau
J'ai dû gagner ce qui m'appartient
J'ai arraché les couteaux que j'avais dans le dos
Et avec j'ai coupé mes liens
J'attend que mon pays la France
Nous tendent enfin la main
En attendant j'écris ma souffrance
En arpentant les chemins

Passion et trahison

Bien content que tu es commencé
je vais pouvoir répliqué
j'avoue ça me démangeais
je vais te manger
pas étonnant que tu flop
tu serais meilleur dans la pop
tu rappe ton seul objectif c'est de faire des thunes
mais tu sait pas écrire t'es plus rien sans autotune
je t'ai pris sous mon aile
puis t'as fais le salaud
tu m'as pris pour une brêle
je suis mieux en solo
au début tu me suçais
maintenant tu veux craché
tu es jaloux de mon succès
t'aurais pas dû me clasher
mec répond pas à ce clash
t'es pas au niveau
maintenant il faut que tu te cache
ta place est dans un caniveau
tu es un jaloux et tu insiste
c'est grâce à moi que tu existe
sur les plateformes
et tu parles dans mon dos
je suis en pleine forme
je vais pas te faire de cadeau

tu me vois tu baisse la tête
puis tu te permet de parler derrière
tu oublie qu'envers moi t'as une dette
je viens enterré ta carrière
tu veux percé trop tôt
quitte à parler de drogue de menottes
mais tu n'es qu'un mytho
retourne t'asseoir et prends des notes
tu es jaloux que ma musique me ramène de la maille
car tu en veux toi
mec fallait pas cracher dans le dos de David Maille
alors que tu as fais tes sons sous mon toit
du jour au lendemain tu m'a laché
j'ai préféré passé au dessus
tu as voulu me clashé
tu as essayé de me cracher dessus
tu n'es qu'un peureux
on ne sera plus jamais pote
je suis heureux
le plus talentueux a remporté le jackpot
tu veux des thunes et pour ça tu entube
tu restera toujours un amateur
heureusement qu'il y a youtube
pour ta carrière de menteur
retourne rapper sur ton téléphone
tu sait pas écrire couillon
pour écouter ta merde je suis aphone
tes meilleures rimes sont mes brouillons!

Nos meilleurs lendemains

Le long de mes cicatrices,
Fais glisser tes mains,
Mon coeur est lisse
Car il t'appartient
Mes cicatrices je les décris,
Pour dessiner notre chemin
Mon corps meurtrie
Pour dessiner nos meilleures lendemain

Je veux te voir à l'aube
Me réveiller à tes côtés
Ta tête sur mon épaule
T'endormir avec mes caresses et baisers

Tu le sais que je t'aime
Je pense à toi sans cesse,
Tu es dans mes veines,
Tu es ma princesse
Contre moi je te serre
Tu es si jolie
Tu as calmer ma colère
Et vaincu ma mélancolie
Je n'aurais pas de mots,
Pour exprimer ma gratitude,
Tu as soigner mes mots

Et combler ma solitude

Je veux te voir à l'aube
Me réveiller à tes côtés
Ta tête sur mon épaule
T'endormir avec mes caresses et baisers

Nomade, sauvage et libre

Opa prépare tes bagages,
On prépare la caravane,
On repart sur le voyage,
J'emmerde les racistes et leurs vannes
Cette vie de liberté,
Sans cesse je m'en rappelle,
Je les laisse jacter
Moi j'ai le vent qui m'appelle,
On ira s'installer au bord d'une forêt,
Pour éviter les gadjé et les embrouilles,
On sera discret comme des furets,
On a l'habitude de cette vie de débrouille
J'en ai marre de me passer la pommade,
En pensant à ma vie de nomade,
Viens on se nashave dans la roulotte,
Les gadjé parles mais devrait se renseigner,
Ils appellent ça une vie rigolote,
Nous on appelle ça la liberté

Latcho dives

Opa il faut qu'on parte,
Car on est pas des comi
Ce système veut nous mettre a 4 patte
Et faire de nous des soumis,

Si un Gadjo veut qu'on foute le camps,
On lui dira de se calmer,
On l'invitera à rayave au bord du feu de camps,
Afin qu'il sache qu'on est pas mauvais,
La nuit on regardera les étoiles,
Pour savoir de quoi sera fait demain,
Et on remettra les voiles
Afin de dessiner nos propres chemins
La vie est trop compliqué,
Pour se laisser mourir de famine
Ils nous appelle une communauté,
Mais on est juste une grande famille

F society

Je sais pas si beaucoup vont écouter,
Mais je suis de plus en plus dégoûtée,
Si ça se trouve je vais être censuré,
Pour avoir exposé ces idées sans jurer,
Votre attention je vais susciter,
Car oui j'emmerde la société !

Je ne parle pas de police ni de nation,
Ça je respecte et j'aime mon pays,
Je parle de cette société de surconsommation,
Qui nous vend du rêve et qui nous abruti
Comme si la vie
Était comme les publicités,
Tu veux mon avis,
Mais je n'insulterai pas le public cité,
On est tous comis comme une fourmis,
Qui pour sa reine porte des feuilles,
On est des soumis,
Esclave de nos portefeuille

On se bat
Pour notre sécurité,
On se débat,

Dans nos difficultés,
Je ne me sens pas redevable,
Envers la France,
Car je sais ce que sais que d'être différents depuis le cartable,
J'ai mis 26 ans à me rétablir de ma souffrance,
Tu vas devant le docteur,
Il sortira son jeu d'acteur,
Te prescrira des anti dépresseurs,
Pour toi tes frères tes sœurs,
Alors que j'écris cette balade,
Pour te dire que c'est notre monde
En fait qui est le plus malade,
Le système est de plus en plus immonde,
C'est pas demain
Qu'on connaîtra la société,
Ça m'énerve putain
Je l'emmerde la société !

Le spleen de l'écrivain

J'ai la vingtaine et ma vie de poème
je mène ma vie de bohème
mais cette nuit j'ai pas d'inspi
juste mon spleen et mon insomnie
du coup je fais ce slam
parce que j'ai le vague à l'âme
j'ai des milliers d'abonnés
mais j'ai le mal du métier
j'ai peur de ne pas être à la hauteur
mais je continu ma vie d'auteur
car je l'ai trop dans le coeur
si je disais le contraire je serais menteur
je rêve de partir bientôt
reprendre ma vie de gitano
une caravane et un feu
j'y retournerais si je pouvais faire un voeu
j'ai le coeur en catalogne
mais j'ai le corps en dordogne
Normale que je me questionne
mais je n'attend de l'aide de personne

en salon on me sert du vin
dans un apéro style gratin
vous voulez me réconforter c'est bien
mais vos rêves de star ne sont pas mien

vos efforts sont malheureusement vain
en ce moment j'ai le spleen de l'écrivain

Tu me vois en salon
tu me vois rigoler sur instagram
mais ne te pose pas la question
car non je ne vendrais pas mon âme
pour faire un best seller
mais je mets tout à plat c'est l'heure
j'ai sortie des bouquin
un album de slam
mais j'ai besoin de quelqu'un
pour raviver ma flamme
la flamme de mon coeur
j'attend toujours l'âme soeur
avant de finir dans un linceul
j'ai des milliers d'abonnés mais je me sens seul

en salon on me sert du vin
dans un apéro style gratin
vous voulez me réconforter c'est bien
mais vos rêves de star ne sont pas mien
vos efforts sont malheureusement vain
en ce moment j'ai le spleen de l'écrivain

Folie humaine

On ne peut pas revenir en arrière,
Ma paix est devenu trop amer,
Je me souviens de mon père ma mère
Que j'ai perdu pas plus tard qu'hier,
A l'heure de la prière,
Emporté par l'horreur de la guerre,

Bonjour à tous je m'appelle Marko,
Je suis un jeune ukrainien,
Je n'ai pas grandi dans les narcos,
Mais dans la guerre comme un frère Palestinien
Une mère cool, un père calme,
Et une petite soeur que j'aimais tant,
Sur eux ils ont braqué une arme
J'aimerais revenir dans le passé juste un instant,
Hier milice, militaire on assiégé mon village
Ils ont canarder les écoles les hôpitaux ,

Je veux pas faire la guerre moi, j'en ai pas l'âge,
Devant moi ils ont commis un des 7 péchés capitaux,
Mes parents ma sœur et moi on a essayé de se barré,
J'entends encore mon père en train de me parler,
Pour les perdre je n'étais pas prêt
Quand ils sont approché trop près de ces barbelés

On ne peut pas revenir en arrière,
Ma paix est devenu trop amer,
Je me souviens de mon père ma mère
Que j'ai perdu pas plus tard qu'hier,
A l'heure de la prière,
Emporté par l'horreur de la guerre,

Avant j'étais en train de rêvé
Avec des rêves pleins la soute
Aujourd'hui je suis en train de crevé
Pendant que les puissant tracent leur routes
Je pars de ville en ville
Pendant qu'il pleut des balles des bombes
La liberté est parti en vrille
Je n'aurais même pas le luxe d'avoir une vraie tombe,
C'est trop tard pour faire le point,
Je fuis ces putains de bombe
On fouille mon sac a chaque check point
Chaque jour mes larmes tombent
Je voulais juste la paix
Ce sont mes seuls aveux
Alors s'il vous plaît
Je vous demande de cesser le feu

Loisirs addictif

Il faut que je répète ma diction
Il me faut du cran
Pour slamer notre addiction
Devant nos écrans
C'est ma mission
De prévenir les gens,
Pour ne pas être soumis au téléphone à la télévision
Soyons vigilants

Moi aussi je pouvais passer des heures
À jouer à la console dans la bonne humeur
Le casque sur les oreilles,
Parler à des potes qui veillent
Toute la nuit
 pendant que le jour
Je trompe l'ennuie

Et m'endors en cours.
C'est cool de parler avec des potes qui habitent loin
Grâce à internet on s'est rapprochée
Tu les as jamais vu pour certains
Mais c'est devenu des amis de qualité.

Il faut que je répète ma diction
Il me faut du cran
Pour slamer notre addiction
Devant nos écrans
C'est ma mission
De prévenir les gens,
Pour ne pas être soumis au téléphone à la télévision
Soyons vigilants

Je vais slamer les cotés négatif
Devant nos smartphones
Pendants les repas et apéritif
On est devenu aphone
Incapable de communiquer
La technologie nous a niqué
Impossible de trouver le sommeil
Au milieu de la nuit
Le téléphone la TV me tiens en éveil
Pour tromper l'ennui
Je ne pense qu'à jouer à la console
Quand je me sens seul
Jouer me console
Quand de la solitude je suis au seuil
Les nuits sur Netflix
Mon écran je fixe

Je regarde ma série
Et je délaisse ma vie chérie
Maintenant j'ai capté ton intention
Alors mon ami un conseil, fait attention

Il faut que je répète ma diction
Il me faut du cran
Pour slamer notre addiction
Devant nos écrans
C'est ma mission
De prévenir les gens,
Pour ne pas être soumis au téléphone à la télévision
Soyons vigilants

L'amour est plus fort que tout

Je t'ai rencontré aux lycée,
Assez vite j'ai été tenté
Je t'ai enlacés
Tu m'a longtemps hanté,
Je voulais faire comme les autres,
Je voulais un peu me détendre
C'est pour ça que je me vautre
Et aujourd'hui je ne veux plus t'entendre
Ni te sentir
J'ai réussi à me sortir
De ton étreinte
La vie avec toi n'était que contrainte

Car l'amour est plus fort que tout...

Au réveil tu était la seule chose
Que j'avais en tête
Je te dédis ces proses
Car j'ai été bête
Je t'aimais profondément
Malgré ton goût amer,
Tu m'a fait du mal forcément
J'aurais dû écouter ma mère,

Quand ce soir quand je voulais te retrouver
Ce soir la j'ai mis le paquet,
A toi je tenais tellement que pour te prouver
J'ai payer le prix de la boîte plus du paquet
Puis sortir sans même danser
Planer avec toi, qu'à ça je pensais

Car l'amour est plus fort que tout..

En 2016 ma mère tombe malade,
J'écris cette balade,
Elle m'avait mis en garde
Elle m'a dit "vois ce qu'elle te fais, fils regarde!"
Elle m'a dit qu'elle voulait que je te laisse tomber
J'ai compris qu'elle avait raison
Quand elle est tombé
Loin de la maison
Aux urgences où elle a fait une rupture d'anévrisme
Dans ma vie ça a été un vrai séisme
Tu était la plus belle
Mais je t'ai mis a la poubelle,
J'ai prier les mains levées
J'ai dis "dieu tu peux la sauver si j'arrête ?"
Les médecins l'ont sauvé
Donc je t'ai dis adieu cigarette

Car l'amour est plus fort que tout..

Accoutumance

Vous savez il faut qu'on discute
Je m'interroge sur ce sujet de débat et dispute
Je voudrais savoir je voudrais comprendre
Pourquoi devrait-on en arriver là, pourquoi en prendre?

Le sujet n'est pas facile
Mais ce que je vois
C'est que la vie est difficile
On essaie d'y trouver de la joie
Et des bon moments malgré tout
On prend des mauvaise habitude comme un atout

C'est cette société
Elle nous rend dingue
On veut se changer les idées
Sans pour autant sortir les flingues
On veut s'échapper
telle est notre mission
Avoir du bonheur à palper
Donc on pousse la consommation

Ça fait du bien de boire un demi
Oui une petite bière
Avec de la famille et des amis
Mais pas autant arriver jusqu'à la mise en bière

Pour s'éloigner de ce mal de vivre
Ce mal être qui nous colle
On passe nos soirées festives, on s'enivre
Mais il existe d'autres moyens que l'alcool
C'est cool de s'accorder un temps mort
S'amuser c'est la vie
Mais ne plus pouvoir s'en passer sans remord
Ça me fait de la peine si tu veux mon avis

Ça me fait de la peine,
Ce mal qui te bouffe et t'insulte
De te voir avec ce venin dans les veines
Pendant que tu ère sans aucun but
Ça me fait de la peine d'y assister
De te voir sans pouvoir t'en passer
Ce n'est que du poison avec un goût de miel
Fait attention mon ami, ce danger est réel

On a tous envie de sortir
Sortir entre ami faire la bringue
Mais il ne faut pas souffrir
En s'injectant une seringue
On est à une époque
Ou tout le monde veut s'amuser
Mais en évitant les drogues
Notre santé il ne faudrait pas user

Si tu sens que tu tombe dans ce vice
Appelle le numéro alcool ou drogue info service
Que tu y ai déjà été confrontée
T'inquiète je te juge pas
On peut tous s'amuser
Tant que l'addiction nous gruge pas

Accoutumance (2ème version)

Mon pote il faut qu'on discute,
De ce mal qui te bouffe et t'insulte
Tu veux partir sans laisser de trace
Car cette société te rend dingue,
Mon ami ne prend pas cette trace
Jette moi cette seringue
Tu veux te changer les idées
Quitte à petit feu te suicider
Et atteindre plus vite la mise en bière
Mon ami vas y mollo sur la bière
Pour t'éloigner de ce mal être qui te colle
Tu veux te réfugier dans les drogues, l'alcool
Tout ceci n'est que du poison avec un goût de miel
Fait attention mon ami, ce danger est réel

Mon ami, fait attention
À ta consommation,
Ne tombe pas dans l'addiction
Où du mal être tu devras payer l'addition
Si tu sens que tu sombres dans ce vice
Appelle le centre alcool tabac ou drogue info service

Il y aura toujours des gens pour t'aider
Pour tes erreurs il ne faut pas plaider,
Plaider coupable
Tu en est capable
De t'en sortir, bat toi!
Tu as cette force en toi
Je sais que tu peux le faire,
A ton tour d'y croire dur comme fer

J'espère qu'avec cette chanson
Tu auras les clés pour prévenir des addictions
Il faut choisir de te battre et ne pas choisir la soumission
Faire attention et rester vigilant c'est ta mission
Que ce soit les drogues l'alcool le sport Où bien les écrans
Il faut que tu y fasse attention et que tu reste prudent
Tu vas t'en sortir
Il faut juste de dire que les écrans le sport où la boisson
C'est comme tout tu peux te faire plaisir
Mais toujours avec modération

Hommage

J'ai réussi à construire une petite carrière qui l'eut cru?
J'ai rien lâcher je suis déterminé comme un lion,
Je repense à tout ce chemin parcouru,
Je repense à mes vieux potes de Saint Léon
Je n'étais pas un élève studieux,
J'avais des rêve d'ado ,
Je passe des nuit en home studio,
J'ai du leurs dire adieu
Je leurs souhaite le meilleur,
La vie nous à séparer,
Personne n'était là pour mon malheur,
C'est tout seul que je me suis réparer,
Certain mon laisser tomber
D'autre ont profité,
Et oui un pote qui t'invite
Peut devenir une pute qui t'évite
Mais bon je leurs ai pardonner,
Je suis en paix avec moi même,
Supporter un proche dépressif c'est pas donné,
Ah Quentin vient de m'envoyer un Même

Je vis pleinement ma poésie,

Je ne suis plus un vaurien,
Cette vie je l'ai choisi,
Mais je n'oublie rien
De l'école au foyer,
De l'HP au rétablissement,
Dieu soit loué,
Je m'en suis sorti à temps

Non je n'oublie rien,
Même pas ces 8 mois de foyer,
Et ce que j'y ai appris en mal et en bien
J'en ai beaucoup souffert mais ça m'a fortifié,
C'est la que je me suis le plus bagarrer,
C'est la que j'ai commencé à écrire,
Alors qu'à l'époque je voulais juste me barrer,
Maintenant j'arrive un peu à décrire ,
Ce que j'y ai vécu
J'y ai survécu
Et je n'oublie pas les marchés avec mon père,
Et ce putain de harcèlement scolaire,
Je n'oublie pas mon traumatisme,
Je l'ai surmonté et maintenant j'écris sur mon autisme

Louka

Ma vie s'est embelli
ma souffrance s'est abolie
quand j'ai reçu un sms qui a son importance
de m'annoncer ta naissance
là le temps autours de moi c'est arrêté
comme dans un film avec des effets raté
ce moment où de te voir je me hâtais
grâce à toi pour la première fois on m'a félicité
quand je t'ai tenu pour la première fois
au creux de mes bras
plus rien autour n'avait d'importance
rien n'était plus sacré que ce moment
je t'ai vu grandir au fil des mois
tu as mis toute la famille en émois
j'essaye d'être un model
tout en essayant d'être un tonton mortel

et quand tu aura des secret
beaucoup trop lourd à porter
je serais là
et quand tu aura de la peine
je serais là et n'oublie pas que tonton t'aime

être un modèle en temps que tonton
c'est la plus belle des missions
il est où tonton?
tonton il écrit, il défend sa réputation

je remercie les cieux
pour m'avoir donner un premier neveu
mon seul voeux
et que tu sois heureux
et en bonne santé
c'est tout ce que j'ai envie de souhaiter
la flamme de ma fierté tu as ravivé
tu es la plus belle chose qui me soit arrivé

et quand tu aura des secret
beaucoup trop lourd à porter
je serais là
et quand tu aura de la peine
je serais là et n'oublie pas que tonton t'aime

aujourd'hui tu vas bientôt avoir 4 ans
tu es courageux, un petit battant
je profite de chaque instant
pour profiter de ton petit sourire d'enfant
un jour il faudra que ta vie décolle
il faudra assurer un loyer
dis toi que des journées à l'école
c'est toujours mieux que des nuits en foyer
ne fait pas comme moi
ne fous pas ta vie en l'air
tu es un petit roi
honore ton père et ta mère

© 2023 David Maille
Édition : BoD – Books on Demand, info@bod.fr
Impression : BoD – Books on Demand, In de Tarpen 42, Norderstedt (Allemagne)
Impression à la demande
ISBN : 978-2-3221-4849-3
Dépôt légal : Mars 2023